D1997280

JENS und MICHEL
und Weihnachten

Von Ib Hansen

Reinbeker Kinderbücher
Carlsen Verlag

Kennst du die Zwillinge Jens und Michel?
Sie leben in Dänemark. Manches ist in Dänemark anders als bei euch, aber eins ist bestimmt genauso wie hier: die Kinder freuen sich auf Weihnachten und warten ungeduldig darauf. Dabei haben die Zwillinge noch viel zu tun, bis endlich Weihnachten werden kann. Zuerst machen sie einen Adventskranz. Jens befestigt die Kerzen, und Michel schmückt den grünen Kranz mit roten Bändern.

Am Morgen ist die Erde weiß. Es hat geschneit. „Ist jetzt Weihnachten?“ fragt Jens. „Nein“, antwortet die Mutter. „Aber du kannst hinausgehen und Schnee schaufeln. Michel holt inzwischen den Schlitten.”

Jens schaufelt den Schnee auf einen Haufen.

Michel hat den Schlitten geholt. Sie laden ihn in Vaters Auto und fahren zum Rodelberg.

Der Schlitten gleitet leicht über den weißen Schnee. Michel zieht, und Jens schiebt, bis sie ganz oben auf dem Berg sind.

Und dann geht es in sausender Fahrt den Berg hinunter.
Immer schneller und schneller.

Plötzlich kippt der Schlitten um. Jens und Michel purzeln in den Schnee.

Sie haben sich beide erschrocken und fangen an zu weinen.
Aber sie haben sich nicht weh getan. Der Schnee ist schön weich.

„Du bist schuld, Michel, du hast vergessen zu lenken!" ruft Jens und wirft Michel einen Schneeball an den Kopf. Michel fängt gleich wieder an zu weinen.

Heute ist der erste Advent. Michel darf
die Kerzen am Adventskranz anzünden.
Jens findet das sehr aufregend.

Nun macht die Mutter die Lampe aus, damit sie richtig sehen können, wie die Kerzen leuchten. „Ist jetzt Weihnachten?“ fragen die Zwillinge. „Nein“, antwortet die Mutter. „Wir haben noch viel zu tun vor Weihnachten. Als nächstes wollen wir Weihnachtsplätzchen backen.“

Und dann wird gebacken.
Sieh nur, wie tüchtig
die Zwillinge sind.
Michel dreht am
Fleischwolf, der ein
Kuchenteigwolf
geworden ist. Jens
hält den Teig fest, der
in langen Streifen
aus der Maschine kommt.
„Jetzt möchte ich drehen",
sagt Jens. Michel hält
den Kuchenteig ganz hoch.

Jens kurbelt und kurbelt. Michel formt Kringel aus den Teigstreifen und legt sie auf das schwarze Backblech.

Das Backblech wird in den warmen Ofen geschoben.

Zwanzig Minuten später machen die Kinder den Ofen auf, und nun können sie selbst sehen, was für schöne Vanillekränze sie gebacken haben. „Ist jetzt Weihnachten?“ fragen die Zwillinge. „Nein, noch nicht“, antwortet die Mutter. „Wir wollen doch noch auf den Weihnachtsmarkt gehen!“

Was gibt es alles zu sehen in den großen Ausstellungshallen! Ein Rennauto und ein Go-cart, so groß, daß Jens und Michel darin sitzen können. „So ein Auto wünsch ich mir“, sagt Jens. „Ich auch“, sagt Michel.

Ein großer Trecker ist da und viele hübsche Puppen. Und ein Lastauto und ein großer Teddy, der in einem kleinen Puppenbett sitzt.

„Michel, sieh mal, ein roter Bus mit einem blauen Dach! Toll, was?“

„Und sieh mal hier, ein Polizeiauto. Es kann ganz alleine fahren!“
Es gibt so viele schöne Sachen, und die Zwillinge wünschen sie sich alle.

Zu Hause schreiben sie einen langen Brief an den Weihnachtsmann. Sie schreiben ihm, was sie sich alles zu Weihnachten wünschen: ein Auto, einen Teddy, eine Trommel, einen Ball, eine Trompete, Bauklötze und noch viel, viel mehr.
Am Briefkasten stellen sie sich auf den Schlitten, so kommen sie gerade an den Briefschlitz heran.

Mutter erinnert Jens und Michel an die Vögel. Sie finden jetzt kein Futter, wenn die Erde mit Schnee bedeckt ist. Deshalb befestigen die Zwillinge Kornbüschel am Vogelhäuschen. Jens reicht die Büschel hinauf und Michel nagelt sie an. Nun sehen auch die Vögel, daß bald Weihnachten ist.

Zu Hause hat die Mutter Buntpapier herausgesucht, blaues und rotes und grünes und gelbes. Jens und Michel schneiden aus und kleben; sie basteln ein Weihnachtsherz nach dem anderen. Die Herzen hängen sie an die Wand, damit man sehen kann, wie schön sie geworden sind.

Michel bastelt auch einen blauen Kerzenhalter aus Buntpapier für die dicke Weihnachtskerze. „Ist jetzt Weihnachten?“ fragen die Zwillinge. „Nein, noch nicht“, antwortet die Mutter.

Ach ... es dauert so lange, bis Weihnachten ist! Die Zwillinge bauen einen großen Schneemann, damit die Zeit schneller vergeht. Zuerst rollen sie drei große Schneebälle. Die bauen sie aufeinander.

Dann setzt Michel dem Schneemann Vaters alten Hut auf und steckt ihm einen Besen unter den Arm.

Jens drückt dem Schneemann zwei Kohlestückchen in den Kopf. Das sind die Augen. Aus einem roten Apfel machen sie Nase und Mund.

„Ich glaube, der Schneemann braucht zwei Besen“, sagt Jens, und er gibt ihm noch einen Besen. „Ja, jetzt sehe ich prima aus“, sagt der Schneemann und lächelt.

Die Zwillinge haben auch einen Adventskalender. Morgens, wenn sie aufwachen, öffnen sie ein Päckchen. Hast du auch einen Adventskalender? Für jeden Tag ist ein Päckchen da, und wenn keins mehr da ist, dann ist Weihnachten.

Jens und Michel dürfen selbst ihren Weihnachtsbaum aus dem Wald holen. Sie nehmen eine Säge mit, damit sie den Baum fällen können.

Gemeinsam laden sie den Tannenbaum auf den Schlitten.
Dann fahren sie mit dem Baum nach Hause.
Jens schiebt und paßt auf, daß er nicht herunterfällt.

Vor Weihnachten gibt es viel zu tun. Auf dem Markt kaufen sie Blumen und Apfelsinen zum Fest.

Hier siehst du, was man aus Marzipan alles machen kann. Zuerst mischen Jens und Michel die Marzipanmasse mit roter und grüner und gelber Fruchtfarbe. Sie haben Schürzen um, damit sie ihre Hosen und Pullover nicht mit Farbe beschmieren.

Sieh mal, ihre Finger sind ganz rot von der Farbe. Wie gut, daß sie Schürzen umhaben!

Jetzt schneiden sie das Marzipan in Scheiben und belegen das Marzipanbrot mit Marzipan-Ei und mit Marzipan-Schinken und mit Marzipan-Wurst.
„Das heben wir alles auf und essen es erst am Weihnachtsabend“, sagt die Mutter.

Warum lacht denn der Michel? Sicher haben die beiden Marzipan genascht, ohne daß die Mutter es gemerkt hat.

Nun dauert es nur noch einen Tag, und dann ist Heiligabend. Bevor die Zwillinge ins Bett gehen, hängen sie zwei rote Strümpfe an den Kamin. Jetzt kann der Weihnachtsmann, der mit seinem Rentierschlitten hoch vom Norden kommt, ein Geschenk hineinlegen, während sie schlafen.

Und dann ist Heiligabend. Nachmittags nimmt Mutter die Zwillinge an die Hand, und sie gehen in die Kirche, um die Geschichte von dem kleinen Jesuskind zu hören, das in der Weihnachtsnacht in Bethlehem geboren wurde.

Als sie heimkommen, schiebt Mutter die Weihnachtsgans in den Ofen. Michel hilft Mutter, die Gans zu begießen.

Jens hilft auch. Er schmückt die Weihnachtsgans mit kleinen Fähnchen.

Zuerst essen sie Milchreis. Mutter hat eine Mandel in den Reis getan; wer sie findet, bekommt ein Mandelgeschenk.

Michel ist der Glückliche. „Seht mal – ich hab die Mandel gefunden!" Jetzt kann Jens plötzlich keinen Reis mehr essen.

Nachdem sie den Gänsebraten gegessen haben, dürfen sie endlich in das Weihnachtszimmer. Oh, wie ist der Baum schön geschmückt: mit bunten Tüten und Weihnachtskerzen, die sie selbst gemacht haben; mit Kerzen und Lametta und Glaskugeln in allen Farben; mit kleinen Fahnen und einem großen Stern ganz oben in der Spitze.

„Sieh mal, Jens, die schönen Fähnchen!“

Und jetzt werden die Kerzen angezündet.
Ist das aufregend!

Nun fassen sich alle an den Händen und tanzen um den Weihnachtsbaum: die Zwillinge, Mutter und Vater, ihr großer Bruder Peter und Großvater und Großmutter. Zuerst tanzen sie rechts herum und singen: „Stille Nacht, heilige Nacht..." und andere schöne Weihnachtslieder.

Dann tanzen sie links herum und singen: „O Tannenbaum..." Kannst du auch „O Tannenbaum" singen?

Nachdem sie getanzt und gesungen haben, bekommen die Zwillinge ihre Weihnachtsgeschenke. Oh, die vielen Pakete! Jens und Michel sind sehr gespannt, was alles darin ist.

Auch die Erwachsenen bekommen Geschenke. – Nachher werden die Kerzen wieder ausgelöscht. Jens und Michel dürfen sie auspusten.

Nun zieht Mutter den Zwillingen Schlafanzüge an. Zum Abschluß möchten sie gern noch ein Auto zusammenbauen, das sie bekommen haben. Ihr großer Bruder Peter hilft ihnen dabei.

Wie alle Kinder dürfen auch Jens und Michel heute länger aufbleiben. So lange, daß Michel plötzlich auf dem Sofa einschläft. Sieh mal, da schläft er, mit seiner Weihnachtstrompete auf dem Bauch.